AF250773

CE QU'IL FAUT A LA FRANCE

PAR

Joseph DE CISSEY

Quand une maison brûle, tous les habitants crient : « Au feu! » sans qu'on se reproche de faire ainsi écho aux autres et à soi-même!

F. DE CHAMPAGNY.

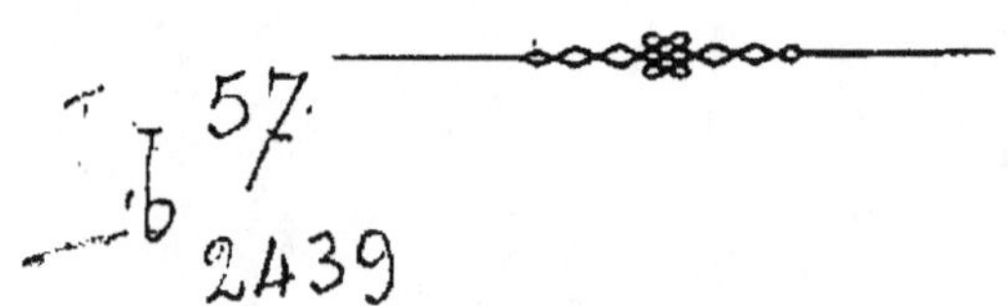

CHEZ J. MARCHAND, IMPRIMEUR A DIJON

ET CHEZ TOUS LES LIBRAIRES.

—

1871

LA FRANCE VA-T-ELLE SUCCOMBER?

Depuis longtemps, la France était minée par d'incessantes attaques, ébranlée par des coups chaque jour plus violents, chaque jour plus perfides. Aujourd'hui elle est bouleversée jusque dans ses fondements et chancelle sur l'abîme.

La France possédait cependant tous les gages de la grandeur, de la puissance, de la vitalité. Le monde entier appelait son peuple la *grande nation*, et l'Europe avait décerné à l'un de ses derniers monarques le surnom de *grand roi*. Le peuple français, favorisé entre tous, fixé sur le sol le plus fertile de l'Europe, dans une contrée que nulle autre n'égale en richesses, avait été comblé par la Providence de faveurs spéciales.

En l'établissant sur cette terre privilégiée, Dieu semblait lui avoir dit comme au peuple de Jacob :

« Je veux que tu viennes à moi, sous l'action de
« mes bienfaits. Le premier, parmi tes frères,
« errant des bords du Rhin à ceux de la mer
« Caspienne, tu recevras les semences de la foi
« chrétienne. Tu es élu pour fonder et soutenir
« le royaume de mon vicaire sur la terre, et de-
« venir, dans le monde entier, le missionnaire du
« Christ. Les successeurs de Pierre te décerne-
« ront le glorieux titre de fils aîné de l'Eglise
« et j'élèverai tes princes au-dessus de ceux de
« toutes les nations ! »

Ainsi en avait-il été ! Cet empire, longtemps fidèle à sa mission, avait successivement fait triompher la civilisation chrétienne contre la barbarie païenne, contre la corruption perfide du bas-empire et le fatalisme musulman imposé par le sabre victorieux des successeurs de Mahomet. En Germanie comme à Poitiers, en Italie comme à Manzourah, partout l'épée de la France avait refoulé la barbarie et assuré les droits et la liberté de l'humanité régénérée par le christianisme.

Mais la France s'est lassée de ce rôle prédestiné. Corrompue par ses victoires, sa richesse et sa prospérité, elle a déchiré les pages séculaires de son histoire, rompu la chaîne de ses traditions, inscrit en tête de sa constitution la négation des droits de Dieu, banni toute pensée religieuse de ses codes et de son enseignement public. Une partie même de la nation, supprimant toutes les traditions divines et humaines sur lesquelles reposent les sociétés, veut détruire brutalement tout rapport entre Dieu et l'homme, et les devoirs qui en découlent. Faisant appel aux passions les plus basses, sans leur présenter d'autre frein que l'assouvissement du désir, elle menace les sociétés elles-mêmes d'un suicide dont l'humanité n'avait jamais conçu la pensée.

Dans cette crise suprême, les destinées de la grande nation française devenue infidèle à sa mission se voilent. Après avoir oscillé, dit une plume éloquente, entre le césarisme et l'anarchie, formes également honteuses des décadences païennes, elle se tient indécise, ne sachant où trouver le salut. Comme le voyageur qui, dans l'obscurité profonde, aperçoit tout-à-coup un précipice insondable ouvert à ses pieds, elle s'arrête anxieuse. Va-t-elle, en faisant un retour sur elle-même, reprendre la voie dans laquelle ses pères ont trouvé gloire et bonheur? Ou, inconsciente de son avenir, aveuglée par les doctrines dissolvantes qui ont troublé sa raison, va-t-elle se précipiter dans le gouffre où elle s'anéantira ?

Quel remède proposer? Quelle solution espérer? Pour les trouver, jetons un coup d'œil sur l'état passé et l'état présent de cette nation malade! Peut-être découvrirons-nous ce qu'il lui faut.

CHAPITRE I.

La France d'autrefois et la monarchie héréditaire.

L'armée des Francs pliait à Tolbiac. Clovis montrait en vain un courage héroïque, s'efforçant de ramener ses troupes au combat. Inutiles efforts ! La victoire se déclarait en faveur des Allemands. Dans ce péril, se souvenant du Dieu qu'il a entendu invoquer par Clotilde : « Dieu de « Clotilde, s'écrie-t-il, si tu es le vrai Dieu, viens « à mon aide ! Rends-moi la victoire, je croirai « en toi et me ferai chrétien. »

A peine avait-il achevé cette prière que la fortune du combat change. Les Francs, poussés par une force qui les étonne eux-mêmes, reviennent à la charge et mettent l'ennemi en déroute. Quelque temps après, le roi des Francs, fidèle à sa promesse, embrassait le christianisme avec trois mille de ses guerriers.

Cette victoire miraculeuse et le baptême de Clovis établirent comme une alliance et un pacte intime entre Dieu protecteur des Francs, et la nation reconnaissante. Depuis lors, dans tous les événements principaux de son histoire, l'action de la Providence est manifeste.

La France semble avoir reçu la mission de conserver l'Eglise catholique et de travailler à sa diffusion. Là était son attrait, son génie. Pour cette fin, elle devait acquérir la gloire et la puissance.

Au début de son histoire, elle repousse l'arianisme, hérésie perfide qui frappait le catholicisme au cœur, et elle assure l'indépendance de la papauté.

Depuis Poitiers, où sa massue brise l'étreinte arabe qui enserrait l'Europe, jusqu'à la Massoure, Nicopolis et St-Gothard, la France a constamment repoussé l'invasion musulmane. Plus tard, elle arrête le flot protestant prêt à submerger le catholicisme. Naguère encore, c'est elle qui lançait aux quatre vents de l'horizon ces hardis missionnaires qui sèment la civilisation en prêchant l'Evangile. C'est elle qui alimentait la charité chrétienne et le dévouement catholique qui sans cesse jaillissent inépuisables de son sein et se répandent sur l'univers pour l'embraser et le régénérer.

A toutes les époques, cette fille aînée de l'Eglise a suscité les œuvres chrétiennes qu'on pourrait appeler le ferment de la vitalité intellectuelle et héroïque d'un peuple, parce qu'elles propagent dans tous ses membres l'esprit de foi chrétienne qui inspire tous les dévouements. Œuvres de la propagation de la foi, sœurs de charité, frères instructeurs du pauvre, zouaves pontificaux, vous avez existé en France, dans tous les temps, sous des noms divers, aux jours de saint Vincent de Paul, comme aux jours des Frères de la Merci et des ordres chevaleresques. Vous avez existé aux jours de Cluny, de Cîteaux et de tant d'autres réunions d'hommes dévoués au soulagement de toutes les infortunes, à la diffusion de tous les bienfaits, ceux du salut des âmes et de la protection des faibles, comme ceux des enseignements littéraires et agricoles.

Pendant douze cents ans, la foi et le dévouement chrétien militèrent pour la France et la soutinrent jusqu'au jour où la révolution de 1793 vint brusquement rompre le pacte établi. Jusque là, par ses victoires morales, autant que par la vaillance de ses soldats, par son génie, par les grands hommes qu'elle produisait dans toutes les conditions, sur les marches du trône, comme dans les classes les plus humbles, elle avait imposé sa suprématie au monde entier.

Protectrice de la grande cause de la liberté humaine et de la civilisation nées de la doctrine apportée par le Christ, elle l'avait partout suscitée et défendue avec un succès constant.

Ses rois, subissant un ascendant mystérieux, guidèrent admirablement la nation dans cette glorieuse mission; ils s'y étaient associés sans réserve, et si la France avait mérité le titre de fille aînée de l'Eglise, ses princes se faisaient honneur d'être appelés les *rois très-chrétiens*.

Digne successeur du prince qui avait vaincu les Arabes, Charlemagne repousse l'invasion païenne en Germanie, brise la puissance des hérésies grecques en Italie et dans le midi, crée l'indépendance de la papauté et poussant les frontières du royame des Francs jusqu'aux limites de l'Europe, il rétablit à son profit l'empire d'Occident.

Fidèles à leur origine, les princes qui lui succèdent suivent presque tous ces traces glorieuses. Les uns, au cri de *Dieu le veut* et munis du signe de la croix, vont défendre la foi chrétienne en Orient et y déploient une valeur merveilleuse qui rehausse la gloire de la France, en même temps qu'elle l'enrichit de nombreuses ressources industrielles, agricoles et commerciales. D'autres, mus par le même sentiment chrétien, octroient à leurs sujets des chartes de liberté et des organisations communales, inspirées par le sentiment le plus vrai de la fraternité |chrétienne. Et ce ne fut pas l'une des moindres gloires de la royauté française, au moyen âge, que celle d'avoir toujours protégé le petit peuple des communes contre les hauts barons qui tentaient de l'opprimer.

Tous ces princes faisaient hautement hommage de leur couronne à Dieu et l'invoquaient au jour du péril. Le matin de la bataille de Bouvines, Philippe-Auguste réunit ses compagnons d'armes et déposant sa couronne sur l'autel où va se célébrer le sacrifice divin : « Si quelqu'un, dit-

« il, se croit plus que moi digne de porter
« cette couronne, qu'il la prenne et la place sur
« sa tête, je la lui cède de grand cœur ! » et comme
tous s'écriaient que nul ne la méritait mieux que
lui, et juraient de mourir à ses côtés : « Je la re-
« prends, dit-il, puisque vous me la maintenez,
« et je me montrerai digne de vous ! » Puis se
tournant vers ses soldats, il leur adressa cette
courte et modeste harangue : « Tout notre espoir,
« toute notre confiance sont placés en Dieu ! Nos
« ennemis sont les ennemis de la sainte Eglise,
« l'argent qu'ils emploient pour payer la solde
« de leurs troupes est le produit des larmes des
« pauvres et du pillage des églises. Nous, quoi-
« que pécheurs, nous sommes de vrais chrétiens,
« nous défendons les libertés religieuses, espérons
« donc avec confiance la miséricorde de Dieu
« qui nous accordera la victoire sur *ses ennemis*
« et les nôtres. » C'est le langage de Clovis et de
Charlemagne.

Son petit-fils Louis IX devait apporter à cette
race royale, si intimement liée aux destinées ca-
tholiques de la France, un épanouissement plus
glorieux encore, en lui donnant le sceau et l'au-
réole de la sainteté unie à l'abnégation humaine

la plus idéale, à la vaillance la plus pure et la plus chevaleresque.

Tant que la race franque fut fidèle aux promesses de Tolbiac, Dieu veilla sur elle. S'il lui donne souvent la victoire, il vient aussi à son aide quand, en punition de l'oubli de sa glorieuse mission, elle semble s'incliner vers sa chute, comme sous les règnes malheureux de Charles VI et des derniers Valois. Ainsi, quand le royaume de France succombe sous les coups des Anglais, Dieu se souvient de la fille aînée de l'Eglise et des rois défenseurs de ses pontifes, et il envoie Jeanne d'Arc, héroïne merveilleuse qui guide l'armée française, ranime le courage et l'esprit chrétien de tous et ramène la victoire sous nos drapeaux. Au XVIe siècle, quand l'ordre de succession appelle au trône un prince protestant, la main de Dieu se fait également sentir. Le roi de Navarre cède au sentiment chrétien de la nation, se convertit et devient un de nos plus grands monarques.

Plus tard, après les longues luttes des guerres religieuses pendant lesquelles l'élément catholique, vigoureusement retrempé, atteint toute sa force, la France obtient, sous Louis XIV, l'apogée de sa splendeur,

Né du génie de Henri IV et de Richelieu, orné de toutes les gloires et de tous les talents, le siècle de Louis XIV ne trouve de place analogue dans l'histoire qu'à côté du siècle d'Auguste qui avait couronné les longues luttes romaines et préparé le monde à la prédication de l'Evangile. Enfanté au milieu des cataclysmes et des bouleversements qui, selon le mot de Bossuet, étaient nécessaires pour produire ce siècle merveilleux, il réunit dans l'art militaire comme dans l'art oratoire et littéraire, les gloires les plus sublimes. Il possède à la fois les Turenne, les Condé et les Colbert, les Bossuet, les Fénelon et les Racine, Boileau, Mansard, Lesueur et Poussin ; il crée les dévouements les plus purs, les caractères les plus dignes, les mérites les plus éminents, magnifique exemple de ce que peut le génie d'un grand peuple éclairé par les rayons de la foi chrétienne, sous la direction d'un grand roi.

C'est ainsi que se sont avancées à travers les âges la nation française et la race royale de France, suivant ensemble la même impulsion, obéissant à la même croyance catholique, correspondant aux mêmes sentiments patriotiques, identifiées l'une et l'autre dans la même fidélité au pacte inauguré par la journée de Tolbiac.

La famille dont les rejetons vivaces se succédaient sur le trône, confondait sa grandeur avec celle de la France. La gloïre du pays était celle de ses princes et leurs conquêtes étaient les siennes. Dans les revers mêmes, la confiance du peuple en ses princes et celle des princes en la nation ne fit jamais défaut. Le roi Jean resta aussi grand après le désastre de Poitiers que l'infortuné Philippe après la défaite de Crécy, et jamais peut-être Louis XIV ne fut plus sympathique à la nation que lorsque, dans sa vieillesse malheureuse, il écrivait à Villars : « Si vous êtes battu, « je prendrai avec moi ce qui restera d'hommes « dans mon royaume et nous irons mourir ensemble. » Cette constance méritait l'admiration de nos ennemis eux-mêmes ; ils n'osaient abuser de leurs succès, et, à Azincourt ou Pavie, la France ne gagnait pas moins d'honneur qu'à Bouvines ou à Marignan.

Cette force de la France et ce respect de l'Europe durèrent jusqu'au XVIIIe siècle, parce que notre pays, malgré des vicissitudes diverses, avait su rester fidèle aux deux principes : Foi chrétienne et droit de succession constamment héréditaire dans la race illustre qu'il avait associée à sa mission. Ces deux sources de la fortune de notre patrie n'avaient jamais laissé tarir leurs avantages.

Dieu et le roi ! Telle était la devise de nos pères. Elle jaillissait naturellement du profond sentiment de foi et de patriotisme empreint dans les cœurs. A Dieu se rapportaient toutes les pensées. De la croyance en Dieu s'inspiraient tous les actes. Le sentiment religieux présidait aux moindres coutumes. A l'heure du danger, le nom de Dieu était le premier et le dernier sur les lèvres, et quand nos pères s'élançaient dans la mêlée, c'était encore au cri confiant de *Montjoie-Saint-Denis.*

Fidèles à Dieu, nos pères étaient fidèles au roi. Ce roi, en effet, n'était pas seulement le chef du gouvernement, c'était surtout le représentant de l'autorité émanée de Dieu, en même temps que le représentant le plus vrai de la nation et de la patrie. Le roi était vénéré comme un père au milieu de la grande famille de ses sujets et, s'il se dévouait sans réserve à eux, sa personne ainsi que ses droits étaient non moins sacrés.

Cette affection, ce respect prévenaient toute tentative de révolution, et c'est ainsi que, spectacle unique dans l'histoire, on a pu voir, pendant huit cents ans, les descendants de Hugues Capet et de saint Louis régner sur la France. L'Angleterre a eu ses guerres des Deux-Roses, l'Allemagne ses guerres des Gibelins, Naples ses luttes entre les maisons d'Anjou et d'Aragon. Protégée par la loi salique qui maintenait la couronne dans la même race, la France n'a cessé de demeurer unie sous le sceptre de la même famille. Depuis Mérovée jusqu'à Louis XIV, les guerres de succession y ont été inconnues. Jusqu'à ce dernier prince, trois dynasties avaient possédé la couronne et les deux premières n'en avaient été dépouillées que lorsque la dégradation successive de leurs derniers représentants eut rendu légitime l'avénement de la troisième.

Le roi est mort! Vive le roi! disait-on autrefois, et ces mots expriment à eux seuls les immenses avantages de la loi salique. Le souverain est appelé au trône par la primauté de ses droits. Telle était la coutume de la nation, on le savait et nul ne songeait à profiter de la jeunesse du prince, ou des embarras de son avénement pour disputer la succession.

Les mérites de ce système n'étaient pas moindres pour les souverains qui, se succédant de père en fils, conservaient la même politique, n'avaient pas de plus ferme désir que d'achever l'œuvre commencée par leur prédécesseur et l'accomplissaient à force de volonté, de persistance et de suite dans leur politique. L'ambition naturelle à tous était d'ajouter quelques bienfaits politiques ou commerciaux au trésor national amassé pièce par pièce par leurs pères, ou même d'adjoindre au pays quelques villes, quelques provinces, ce qui leur avait valu le glorieux titre d'avoir fait la France.

A la fin du siècle dernier, celle-ci, reniant son passé, sa mission, les croyances de quatorze siècles, rejeta à la fois l'autorité divine et l'autorité royale, repoussant de la même main la religion du Christ et la famille qui avait veillé jusque là sur ses destinées. Le sceptre paternel de ses rois ut brisé, et le lys de saint Louis remplacé par le fer sanglant de la guillotine. La raison, dont on proclama le nouveau culte, vint étaler partout les mots de liberté et d'égalité, et partout ce ne fut qu'oppression. Toutes les provinces de la monarchie furent souillées de sang. Bientôt il n'y eut plus de patrie, comme il n'y avait plus de Dieu pour elle, et tout fut remplacé par la rage des sectaires de la révolution qui s'entre-déchirèrent entre eux jusqu'à ce que Dieu, jugeant le châtiment de la France suffisant, lui tendît la main pour la sortir une première fois de l'abîme. Depuis cette fatale époque, la France n'a pu rentrer dans sa voie. Tour à tour passant du césarisme à l'anarchie, perdant à chaque bouleversement quelque reste de vertus, affolée par les doctrines étranges qui tendent à la destruction même de la famille et de cet immense acquêt de richesses nationales produit par le travail des siècles, elle est entraînée par un inexplicable vertige vers une effroyable barbarie dans laquelle disparaîtraient les arts, la civilisation et la liberté humaine.

Telle est l'œuvre de la révolution qui a voulu rompre avec la France d'autrefois et la vieille monarchie. Voyons si cette révolution était motivée et si nous pouvons trouver en elle quelque gage d'un avenir meilleur que ce régime passé sous lequel nous avions vécu glorieusement pendant dix siècles.

CHAPITRE II.

La France d'aujourd'hui et la révolution.

Préparée par des philosophes sceptiques, par des écrivains athées et par la déplorable dissolution des mœurs qui signala le XVIIIe siècle, la Révolution de 1789 prétendait inaugurer un nouveau mouvement social et politique, gravitant autour de la raison humaine substituée à la divinité. Cette base offrait peu de solidité aux assises de la société rêvée par les novateurs et bientôt leur œuvre devait être entachée par les vices les plus honteux et les plus tristes excès.

Son début eut cependant une certaine grandeur, une certaine justice. La monarchie de saint Louis, si longtemps fidèle au développement de la mission de la France, à la conservation de ses libertés provinciales et communales et au maintien de sa prépondérance en Europe, avait subi le sort de toutes les institutions humaines. Elle avait outrepassé ses droits, et, entraînée par les courtisans et les légistes, elle tendait de plus en plus à l'absolutisme. Au désintéressement héroïque de Hugues Capet et de Philippe-Auguste offrant de céder la couronne au plus digne, on opposait la hauteur de Louis XIV qui, dans l'enivrement de sa puissance, s'écriait : *L'Etat c'est moi !* et l'insouciance de Louis XV qui ajournait après lui toute réforme sérieuse. Il fallait l'arrêter sur cette pente.

D'un commun accord, la royauté représentée par Louis XVI, le meilleur des rois, et les états généraux du royaume ramenèrent cette monarchie absolue à ses principes légitimes et lui substituèrent une monarchie constitutionnelle plus en rapport avec les aspirations d'un peuple chrétien et libre. La liberté et l'égalité de tous les citoyens fut consacrée, les charges de l'Etat pesèrent sur tous au même degré et on fit disparaître les derniers restes de la féodalité qui avait alors perdu sa raison d'être.

Pourquoi nos pères ne se bornèrent-ils pas à ces glorieuses et utiles réformes?

Le régime nouveau devait être de courte durée!

Trois ans s'étaient à peine écoulés qu'il disparaissait emporté par une nouvelle révolution, et c'est de 1792 que date l'avénement de ces idées constamment subversives qui, par un déplorable aveuglement, bouleversent la France depuis quatre-vingts ans.

Que prétendait faire la révolution de 1792? Quel était son but? Qu'a-t-elle fait?

Son but ou plutôt le prétexte dont elle se servait pour gagner le peuple, c'était l'intérêt général du pays mis au-dessus de tout intérêt particulier, la prospérité illimitée des finances basée sur une répartition plus égale de la richesse publique et surtout l'influence irrésistible de la France propageant chez tous les peuples l'amour de la liberté, de la justice et des droits sacrés de l'humanité.

Depuis trop longtemps, disaient les novateurs, les rois détenaient la France dans la servitude et l'esclavage, s'appropriant les finances de l'Etat pour les faire servir à leurs crimes et à leurs débauches. Une ère nouvelle s'ouvrait sous l'égide républicaine, la France allait posséder à la fois la liberté et la puissance.

A l'œuvre on reconnaît l'ouvrier. Interrogeons-le donc.

Au moment où Bonaparte, revenant d'Egypte, débarquait à Fréjus, la France souillée du sang d'innombrables victimes était ruinée par les factions qui se déchiraient à l'intérieur. Au dehors elle perdait toutes ses conquêtes et avait ses frontières entamées par la coalition générale formée contre elle.

Le jeune général sauve la république par ses victoires, mais en la délivrant de l'étranger, il l'étouffe bientôt sous sa gloire et ses triomphes. Une autre révolution a lieu. Bonaparte est proclamé empereur. Quinze ans plus tard, il était renversé à son tour. Cette fois la France perd Philippeville, Marienbourg, Bouillon, Saarlouis, Landau, la Savoie, paie sept cent millions au vainqueur et doit être occupée pendant cinq ans. La dette de l'Etat monte à trois milliards et la France épuisée est saignée à blanc.

Tel fut le résultat de ces premières révolutions !

La royauté qui avait fait la gloire de la France, rappelée par le pays malheureux, entreprend la tâche difficile de nous relever des désastres de l'empire et de guérir les plaies causées par la révolution. Déjà l'ordre, la liberté tempérée par une sage constitution commençaient à donner leurs fruits. Au dehors, la conquête d'Alger assurait une colonie magnifique, immense débouché créé à la mère patrie, et faisait de la Méditerranée un lac français. Il était question de réunir pacifiquement la Belgique à la France, et les frontières du Rhin passant sous la possession de la dynastie catholique de Saxe, devenaient notre boulevard à l'est.

La révolution, que cette paix prospère et cette calme grandeur alarmaient dans ses desseins, profita du règne d'un vieillard pour le renverser. Les journées de 1830 eurent lieu.

Que se passe-t-il alors ? La France retombée au pouvoir de la révolution anti-chrétienne s'affaisse de nouveau. En dépit de l'habileté personnelle de Louis-Philippe, ce roi issu de l'émeute tombe devant une autre émeute. Napoléon Ier, malgré ses prodigieuses victoires, était tombé par la guerre qui l'avait élevé, Louis-Philippe succombe sous le poids honteux de ses concessions et de sa prudence pacifique.

A ce moment, la commotion révolutionnaire est universelle et paraît triompher, les trônes chancellent et le pouvoir temporel du pape, œuvre de la France d'autrefois, semble englouti sous cette éruption volcanique qui déracine les bases de toute autorité. Mais par un fait providentiel presque inexplicable, la France de Charlemagne et de saint Louis se réveille et, malgré son gouvernement révolutionnaire, arrache Rome à Mazzini. Pie IX est replacé sur son trône. Cet acte de courage chrétien et cette correspondance passagère à sa mission valut à la France quelques années de répit dans l'histoire de sa décadence, et donna quelques jours de gloire au chef du gouvernement qui avait été contraint d'exécuter la volonté de Dieu, selon le vieux mot : *Gesta Dei per Francos.*

Mais bientôt l'empereur Napoléon III auquel la France venait de confier son sort, inconscient de son œuvre, effrayé par les sociétés secrètes, ravit les libertés de l'Eglise et des œuvres chrétiennes et délaisse la défense du Saint-Siége. Corrupteur et corrompu, il succombe bientôt comme tous les gouvernements nés de la révolution, frappé par son incapacité et les dégoûts soulevés par son administration et sa lâcheté.

Une nouvelle révolution nous ramène une nouvelle république dont Gambetta fut la personnalité la plus marquante. Les fautes grossières de cette jeune république dépassent celles de ses devancières. Elle nous laisse avec un accroissement de neuf milliards apporté à la dette publique que les derniers gouvernements avaient déjà fait monter à onze.

Sept révolutions principales se sont ainsi succédé en quatre-vingts ans, chacune d'elles nous abaissant d'un degré, nous mûrissant de plus en plus pour le despotisme quelque brutal qu'il soit, avilissant les âmes au lieu de les élever et de développer chez elles les vertus civiques dont on parle sans cesse, sans les réaliser jamais et finalement laissant la France prête à perdre son rang de grande nation. Voilà leur résultat.

Que sont devenus cette gloire militaire, ce prestige politique, ce respect légitime de l'Europe que nous avions conquis à force d'héroïsme et d'habileté ?

L'Europe témoin de la mobilité des gouvernements que nous nous donnons, ne peut plus voir en nous qu'un peuple inconstant, dévoré par ses discordes intestines, ne sortant d'une révolution que pour retomber dans une autre; peuple sans principes qui ne sait que chasser, rappeler, puis exiler ses souverains.

Les nations étrangères peuvent-elles prendre au sérieux ces chefs de parti qui, élevés plus ou moins légitimement par l'une ou l'autre faction, passent sur un trône éphémère les jours si courts que leur concèdent les esprits toujours changeants dont ils sont le jouet? Peuvent-elles reconnaître une véritable autorité chez ces hommes qui, rois un jour, fugitifs le lendemain, viennent leur demander un refuge? La France des Bourbons dominait l'Europe, la France de la révolution se traîne péniblement bien loin en arrière. Partout sous l'inspiration de progrès incessants, les autres peuples inventent, améliorent, perfectionnent; la France seule reste stationnaire.

Etouffées par les miasmes délétères de ces révolutions successives, les intelligences elles-mêmes semblent étiolées, paralysées. Pouvait-il en être autrement? Les tendances hostiles aux principes religieux n'ont manqué à aucun des gouvernements issus de nos révolutions. Sous leur influence, l'irréligion a pénétré jusque dans nos villages les plus inaccessibles, dans les hameaux les plus retirés. Avec la négation des principes religieux, l'inconscience du devoir s'est emparée des caractères qu'elle abaisse et dégrade par une lâche mollesse et une effrayante torpeur dont nous n'avons que trop ressenti les effets funestes pendant nos calamités. Le crime n'excite plus l'indignation, la lâcheté ou la honte ne révoltent plus. Peut-on condamner des actes dont on ne comprend plus la gravité? En face de cet engourdissement, le succès est assuré à l'audace. Aujourd'hui plus que jamais, oser c'est réussir, vouloir c'est pouvoir.

Faut-il donc s'étonner que la France roule de ruines en ruines, battue par des discordes et des guerres civiles sans cesse renaissantes. Un homme a de l'audace, ses promesses décevantes lui ont fait un parti, sa conscience ignore tout scrupule. Cet homme réunit ses partisans, renverse ce qui existe, proclame un nouveau gouvernement! Le succès justifie l'entreprise. On espère que le changement réalisera les espérances conçues, on accepte le nouveau maître et nos annales enregistrent l'histoire d'un nouvel essai gouvernemental.

Telle est aussi la conséquence de la centralisation élaborée par les réformes de 1789 et conduite depuis à un tel point de perfection. La centralisation concentre toute l'autorité dans une seule main, dans une seule capitale. Le pouvoir est à Paris et Paris appartient au plus audacieux. La province, privée de son ancienne autonomie et de ses vieilles franchises, est réduite à courber la tête devant l'élu de la capitale. Gorgé des richesses de la France, Paris devient ainsi le foyer le plus actif de la corruption et exerce sur tout l'Etat la plus funeste influence.

Ce n'est pas seulement la société qui est menacée de périr sous l'action révolutionnaire, la famille elle-même est violemment attaquée. Liberté testamentaire, autorité des parents, éducation chrétienne, respect des traditions domestiques, toutes les bases de la famille tombent successivement. Aussi les nombreuses familles d'autrefois ont-elles à peu près disparu. Tandis que chaque année le nombre des naissances croît sensiblement en Angleterre, en Russie, en Allemagne et dans toute l'Europe, c'est à peine s'il demeure stationnaire en France.

Privés de l'esprit de famille, les enfants ont

hâte d'échapper à l'autorité paternelle. Le faisceau qui, jadis, offrait quelque résistance, se brise à la hâte, miné par les lois testamentaires et l'insouciance des enfants. Le culte de la demeure paternelle qui abritait successivement les générations sous ses traditions tutélaires, n'existe plus, la maison de famille est vendue et passe à des mains étrangères.

En même temps qu'elle détruisait la famille, la révolution brisait les liens qui unissaient les différentes classes entre elles. L'esprit d'antagonisme et l'envie ont remplacé leurs bons rapports réciproques. Le pauvre met son secret espoir dans les guerres civiles qui lui permettront de dépouiller impunément le riche. Le serviteur est sourdement hostile à son maître, l'ouvrier est l'ennemi de son patron. Chacun n'aspire qu'à s'enrichir le plus tôt possible en rejetant à la hâte toute barrière, en renversant brutalement tout obstacle.

Le pays s'effondre de plus en plus! Les plaies morales s'étendent sur tout le corps social; la dette publique, grandissant toujours, s'accroît à ce point que les impôts augmentent inutilement pour en couvrir l'intérêt et qu'il faut, chaque année, recourir à de nouveaux emprunts. Notre prestige politique s'amoindrit à mesure que nos désordres intérieurs dévoilent davantage les vices de notre constitution sans cesse sapée à sa base et soutenue par d'impuissants étais. Nous sommes, après ces quatre-vingts ans de progrès imaginaires et d'une perfectibilité rêvée par nos démagogues idéalistes, contraints d'abdiquer notre position politique ou d'appeler sous les armes la nation entière.

Amoindrie de trois de nos départements les plus riches et les plus industrieux, ayant sa capitale, cette ville que nos rois avaient faite la reine du monde, incendiée par une partie de la nation retombée au dernier degré de la barbarie, telle est la France que nous ont donnée les réformes merveilleuses imaginées depuis 1789.

Résumons-nous !

Athéisme et matérialisme, abaissement des caractères, dégradation morale d'où naît trop souvent la dégradation physique, disparition du patriotisme remplacé par le seul désir de rejeter tout frein et toute supériorité ; voilà, sous le nom de droit humanitaire, les conséquences morales de la révolution.

Perte de notre prépondérance en Europe, dé-

sastres militaires sans exemple, trouée gigantes-
que dans nos frontières, hostilités rivales de nations sur lesquelles notre suprématie avait été
jusqu'ici incontestée : voilà les conséquences politiques de la révolution.

Antagonisme des classes, sociétés clandestines
et union criminelle de la partie la plus misérable
et la plus corrompue de la nation contre la partie
la plus riche, bouleversement général de notre
système économique et de notre organisation du
travail : voilà ses conséquences sociales.

Enfin dévastation récente d'une grande partie
de la France et déperdition incalculable de la richesse publique, désordre croissant des finances,
dette publique de plus de dix-huit milliards : voilà
ses conséquences économiques.

En présence de telles infortunes et d'aussi
grands désastres, on comprend que l'Europe re-
fuse à nos révolutions l'honneur que revendiquent
ceux qui les font et l'on sent bien la vérité de cette
parole d'un homme d'Etat anglais, ennemi achar-
né de la France : « Heureusement pour l'Europe
« que la France fait une révolution tous les
« quinze ans, sans cela, elle courberait sous sa
« suprématie toutes les autres puissances ! »

CHAPITRE III.

______

L'avenir de la France et la monarchie légitime.

En présence d'une telle décadence, quel peut être l'avenir de la France ? Elle a renié la foi chrétienne, source de ses plus beaux triomphes, chassé les princes, sous le gouvernement desquels elle avait glorieusement vécu et rejeté ses traditions politiques séculaires. Comme un vaisseau, dont les matelots auraient brûlé les voiles et les agrès, chassé sur les mers par tous les vents, la France, après avoir repoussé les principes qui lui avaient donné la force et la stabilité, passe des mains des favoris de la fortune à celles des hommes d'intrigues qui, les uns et les autres, tour à tour disposent d'elle.

La situation intérieure n'offre qu'incertitudes, ténèbres, périls. L'opinion publique inquiète du présent s'effraye encore plus de l'inconnu vers lequel nous marchons. Le socialisme sortant du domaine de l'idéal ouvre à des esprits, que ne retient plus aucun frein, des perspectives de jouissances matérielles qu'ils brûlent de réaliser, en détruisant la société elle-même telle qu'elle est constituée, pour s'emparer de ses dépouilles.

Menacée par ces nouveaux barbares, la société française ne présente que trop l'image du peuple romain, gorgé des richesses du monde antique, mais usé par le luxe et les jouissances, tremblant, après avoir conquis l'univers, devant les invasions des peuplades sauvages qui se ruent sur lui pour se partager cette proie.

Au dehors le mal n'est pas moindre.

Jusqu'à nos jours protectrice des petits états qui la séparaient de ses puissants voisins, la France avait veillé sur leur existence qu'elle croyait nécessaire à la sienne. Depuis quatre vingts ans, non-seulement elle les a abandonnés comme le Danemark, son vieil allié, mais elle a encouragé les grandes puissances à se les annexer. Aussi le principe moderne des nationalités, d'après lequel les peuples de la même origine doivent se grouper ensemble, ceux de la non-intervention et du respect des faits accomplis, après avoir enlevé à la France sa prépondérance, la laissent-ils elle-même abattue, brisée sous l'étreinte du colosse germanique qu'elle a élevé contre elle après avoir fait, contre elle aussi, l'unité italienne. Maintien de l'indépendance de la papauté, protectorat catholique du Levant, politique d'équilibre européen, elle a tout délaissé et toutes ses fautes se dressent à la fois contre elle.

Dans de telles conditions, nous ne voyons qu'un moyen de salut pour la France, c'est de revenir franchement et au plus vite aux principes qui avaient fait sa force et sa gloire.

Le pourra-t-elle ?

Les raisonnements basés sur les données de l'histoire nous offrent peu d'espoir. L'exemple de tant de peuples détruits par leur propre corruption, après avoir jeté un vif éclat, ne nous permet guère de nous livrer à l'illusion. Combien de nations, en effet, après avoir atteint le plus haut degré de splendeur, n'ont-elles pas succombé, minées par une civilisation amollie et énervante. Affaiblies par d'interminables dissensions, résultat de l'orgueil d'un bien-être illimité, elles sont tombées d'elles-mêmes entre les mains de l'ennemi qui convoitait leurs richesses.

Les grands empires ont ainsi successivement disparu sans laisser d'autres vestiges que le souvenir de leur décadence et de leurs malheurs. Les richesses qui ont tué ces peuples n'entraîneront-elles pas également la chute de nos empires modernes et Paris échappera-t-il au sort qui a frappé Babylone, Tyr, Carthage, Palmyre et la Rome des Césars?

Les élévations et les décadences successives des peuples sont-elles l'application d'une grande loi naturelle devant laquelle nous nous débattrons vainement ou bien existe-t-il dans les tristes pages de l'histoire de l'humanité quelques gages d'espérance qui puissent nous rassurer?

Nous le croyons! Pour cela jetons les yeux sur l'action de la Providence qui n'a jamais cessé de se manifester, même dans les destinées des empires païens qu'elle a soutenus tant qu'ils répondent aux vues qu'elle avait sur eux. Reportons-nous donc à cette mission providentielle de la France que nous avons déjà signalée et nous dirons encore avec nos plus vieux historiens que Dieu ne peut abandonner une nation qu'il a choisie pour la protectrice du Saint-Siége et la propagatrice de la foi catholique et des œuvres qui en découlent. Son passé nous permet de prévoir sa résurrection dans un prochain avenir.

Malgré de nombreux signes de décadence, l'humanité a encore de longues destinées à accomplir. Tous les peuples n'ont point encore été appelés à la vraie foi, la nation juive n'est point rentrée dans le bercail du Christ et le monde n'a pas été témoin du glorieux triomphe de l'Eglise, qui, selon une croyance générale, doit illuminer la terre dans les derniers siècles. La promulgation du dogme de l'Immaculée-Conception, la réunion d'un Concile universel ouvrent également à l'humanité de nouveaux et consolants horizons. Espérons donc que nous ne souffrirons que jusqu'à notre rentrée dans la voie dont nous n'aurions jamais dû sortir.

Peut-être que si la France, fidèle à ses traditions

nationales et à son titre glorieux de fille aînée de l'Eglise, eût offert au Saint-Père quelque chose de plus qu'un appui passager, Pie IX eût pu accomplir librement sa double mission de pontife et de roi et que la crise que nous subissons eût été au moins ajournée.

Aujourd'hui, au contraire, nous touchons à une catastrophe dont les conséquences, si elles étaient durables, seraient accablantes. Ce n'est plus l'avenir seul de la souveraineté du Pape qui est en péril, il s'agit de son autorité spirituelle qu'on veut atteindre, et avec elle on attaque le principe même de toute autorité et de toute religion.

Bientôt, dit une voix autorisée, *on demandera que de nos lois disparaisse l'idée de Dieu, afin qu'il ne reste plus entre les hommes d'autre lien que l'intérêt. La justice ne sera plus qu'une convention, il ne restera plus d'autre moyen pour l'obtenir que la force, et l'édifice social miné dans ses fondements croulera de toutes parts.*

La cause de la souveraineté du Pape n'est donc pas isolée; elle est celle de toute société, de toute liberté humaine. Or, la France seule peut en prévenir la chute par un prompt retour à ses traditions politiques séculaires.

Dès le IXe siècle, Frodoart, l'un de nos premiers historiens, écrivait qu'après avoir baptisé Clovis, saint Remy l'avait assuré que les Francs étaient prédestinés à la défense de l'Eglise de Jésus-Christ et qu'ils triompheraient des nations étrangères tant qu'ils resteraient fidèles à la foi chrétienne, mais qu'ils seraient rudement châtiés toutes les fois qu'ils seraient infidèles à leur vocation.

Presque tous les chroniqueurs rapportent ces paroles, mais ce que la tradition non interrompue de tous les siècles constate encore mieux c'est leur réalisation.

Tous les grands événements de notre histoire ont roulé sur ce pivot, et ce que le monde étonné voyait au temps de Clovis et de Charlemagne, il peut le remarquer encore.

« Il n'y a qu'à ouvrir l'histoire, dit M. de Maistre,
« pour voir que les châtiments envoyés à la France
« quand elle est coupable sortent de toutes les
« règles ordinaires et que la protection que Dieu
« lui accorde quand elle revient à lui en sort
« aussi. Ces deux prodiges réunis se multiplient
« l'un par l'autre et présentent un des spectacles

« les plus émouvants que l'œil humain ait jamais
« contemplé. »

En effet, en lui donnant une vocation spéciale,
Dieu devait accorder à la France les moyens nécessaires pour l'accomplir. Les châtiments la rap-
pellent à Dieu. L'expiation suit le crime, puis la
France se relève. Notre mission n'est pas finie, il
faut rétablir, continuer, augmenter cet immense
courant chrétien qui, s'échappant du sein ardent
de notre patrie, embrasse le monde entier et en
réchauffe tous les rivages, ceux de l'Europe et de
l'Océanie, des côtes de l'Atlantique et du Pacifique, par le feu de l'apostolat et de la charité
catholique.

L'esprit chrétien est toujours vivace en France,
c'est lui qui la soutiendra et la relèvera pour l'ac-
complissement d'une mission qui n'incombe qu'à
elle seule. Ce moment ne peut tarder, la papauté
semble agonisante, il lui faut un prompt secours !
Espérons donc que les glorieuses destinées de
notre patrie ne sont pas terminées encore.

Puissent ces jours de salut briller bientôt ! Les
esprits semblent hostiles au plus haut point à tout
retour vers le passé et surtout à tout retour religieux ; mais, comme le disait naguère Monsei-

gneur Dupanloup, « l'heure n'est peut-être pas
« éloignée où nous serons sauvés par où nous
« devons l'être. Dieu attend la France et la France
« attend Dieu ; il est l'unique et infaillible préten-
« dant. Il viendra avec un drapeau incontesté. »

Alors les résistances tomberont et les esprits
reviendront d'eux-mêmes à la monarchie qui ré-
tablira la vieille politique nationale de la France.

La république et la monarchie sont en présence. La première offre des avantages incontes-
tables, elle a réussi chez de grandes nations, mais
elle peut difficilement s'appliquer à la nôtre qui,
jusqu'à présent, malgré ses nombreuses révolutions, se montre toujours monarchique. Les esprits n'y ont généralement pas le désintéressement et l'abnégation nécessaires au maintien d'un
gouvernement républicain. Leur turbulence, leur
légèreté, leurs inconstances ont besoin d'une
forme gouvernementale qui les retienne, et les
Français, nonobstant leurs aspirations fréquentes
aux libertés les plus illimitées, n'ont pas assez de
vertus pratiques pour soutenir l'effort quotidien
qu'exigent les libertés républicaines. Il faut que
la France revienne à la monarchie et à la monarchie héréditaire, car la monarchie élective,

aussi contraire que la forme républicaine à ses goûts et à ses mœurs, la livrerait bientôt à tous les excès de l'anarchie.

Ce qu'il faut à la France, a dit la voix la plus considérable qui puisse discuter la question de nos pouvoirs, *ce qu'il faut à la France, c'est un pouvoir fondé sur l'hérédité monarchique, respecté dans son principe et dans son action, sans faiblesse comme sans arbitraire. C'est le gouvernement représentatif dans sa puissante vitalité, avec des dépenses publiques sérieusement contrôlées, et le règne absolu des lois.*

Il faut le libre accès de chacun aux emplois, les libertés religieuses et les libertés civiles consacrées et hors d'atteinte. L'administration intérieure doit être dégagée des entraves d'une centralisation excessive, la propriété foncière rendue à la vie et à l'indépendance par la diminution des charges qui pèsent sur elle, l'agriculture, le commerce, l'industrie constamment encouragés, et au-dessus de tout cela, une grande chose, l'honnêteté.

L'honnêteté, qui n'est pas moins une obligation dans la vie publique que dans la vie privée. L'honnêteté, qui fait la valeur morale des états comme des particuliers.

Chacun sent la nécessité de ces réformes, chacun les désire, mais une foule de préjugés repousse leur application, ajourne leur avénement. Dieu seul connaît le moment où il permettra que notre pays revienne résolument à cette monarchie héréditaire, à la fois si forte et si libérale, et surtout honnête. Le prince que Dieu semble destiner à cette œuvre est prêt à se donner à nous avec le plus entier dévouement, mais il attend que la France l'appelle.

« Nous savons, écrivait il y a quelque temps
« M. Louis Veuillot, quel doit être notre chef,
« nous savons qu'il existe, nous savons où le
« prendre. Il nous faut un homme qui soit la mo-
« narchie indépendante, sans être la monarchie
« absolue, qui soit au peuple sans être du peuple,
« que le peuple reconnaisse et n'ait pas créé, qu'un
« plébiscite n'ait pas fait et qu'un plébiscite ne
« puisse défaire !

« Il nous faut un homme qui soit la monarchie
« tempérée, mais non pas la monarchie sujette,
« telle qu'elle nous est apparue dans la personne
« de Louis XVI, et plus encore dans la personne
« de Louis-Philippe, fondé de pouvoir temporaire
« de la révolution, qu'elle n'a élevé que pour la

« servir, ce qu'il fit : et pour être ignominieuse-
« ment chassé, ce qu'il fut.

« Il nous faut un homme qui soit la monarchie
« militaire, car où il n'y a plus d'épée, il n'y a
« plus de France, mais qui ne soit pas la monar-
« chie de camp, de conquêtes, comme Napo-
« léon Ier, ni la monarchie de caserne et de corps-
« de-garde comme Napoléon III.

« Il nous faut un homme qui ne soit ni la force
« brutale, ni l'intrigue, ni la ruse, ni l'aventure,
« ni le crime effronté, mais qui soit au contraire
« l'éclatant, l'invulnérable honneur, et qui nous
« relève par la majesté de l'honneur. »

La France trouvera cet homme quand elle le
voudra. Sa naissance l'avait placé sur les marches
du trône, la révolution l'en a chassé ! Dans son
exil, il n'a jamais rien réclamé à la France, et il
s'est toujours tenu à sa disposition. Oubliant
toutes les douleurs dont son pays a accablé sa famille, il déclare hautement qu'il n'est pas un
parti, et qu'il n'a pas d'injures à venger.

Ce prince, c'est Henri de Bourbon, chef de la
maison de France, petit-fils de saint Louis, de
Henri IV et de Louis XIV, le premier prince du

monde, le seul qui puisse être le vrai souverain de la France.

Toujours prêt à accepter la lourde tâche de relever notre patrie de son abaissement et de ses ruines, il attend la parole qu'il plaira à la France de prononcer et l'heure qu'il plaira à Dieu de choisir.

Pour nous, hâtons, chacun dans la mesure de nos forces, le moment solennel et décisif où la France reviendra à ce qu'il lui faut pour la sauver.

DIJON. — IMPRIMERIE J. MARCHAND, RUE BASSANO, 12.

www.ingramcontent.com/pod-product-compliance
Lightning Source LLC
Chambersburg PA
CBHW061332060726
47596CB00003B/1206